W0188106

Karl Rahner

WAS SOLLEN WIR JETZT TUN?

KARL RAHNER

WAS SOLLEN WIR JETZT TUN?

Vier Meditationen

Herder
Freiburg · Basel · Wien

ZWEITE AUFLAGE

Alle Rechte vorbehalten – Printed in Germany
© Verlag Herder KG Freiburg im Breisgau 1974
Imprimatur. – Freiburg im Breisgau, den 5. August 1974
Der Generalvikar: Dr. Schlund
Freiburger Graphische Betriebe 1974
ISBN 3-451-16975-4

Vorwort

Der Verlag Herder hat die Anregung gegeben, die hier vorliegenden vier Meditationen zu veröffentlichen. Es waren ursprünglich „Sonntagspredigten", bei deren Ausarbeitung nicht an eine Veröffentlichung gedacht wurde und die auch nicht „vertieft" und „verschönt" wurden, damit sie eines Druckes würdiger würden. Sie wollen zwar nicht einfach am Text der Schrift vorbeireden, sie sind aber auch nicht von einem geschrieben, der die Kunst eines gewiegten Exegeten vordemonstrieren will. Es sind einfach ein paar Predigten, die im guten biblischen Sinn des Wortes „erbauen" wollen, ein wenig helfen wollen, den Alltag christlicher und das Christentum alltäglicher zu verstehen.

München, im August 1974   Karl Rahner SJ.

Inhalt

I

Endzeit und Kommen
des Herrn

LUKAS 21,25–28.34–36

25 Jesus sprach zu den Jüngern: Es werden Zeichen an Sonne, Mond und Sternen erscheinen, und auf der Erde werden die Völker voll Angst und Bestürzung sein über das Brausen und Toben des Meeres. 26 Die Menschen werden vor Angst vergehen in der Erwartung der Dinge, die über die Erde kommen sollen; denn die Mächte des Himmels werden erschüttert werden. 27 Dann wird man den Menschensohn mit großer Macht und Herrlichkeit in einer Wolke kommen sehen. 28 Wenn das geschieht, dann richtet euch auf und faßt Mut; denn eure Erlösung ist nahe. 34 Nehmt euch in acht, daß Rausch, Trunkenheit und die Sorgen des Alltags euch nicht verwirren und daß jener Tag euch nicht plötzlich trifft 35 wie eine Falle; denn er wird ohne Ausnahme über alle Bewohner der Erde hereinbrechen. 36 Bleibt immer wach und betet, damit ihr allem, was geschehen wird, ent-

rinnen und vor den Menschensohn hintreten könnt.

Vielleicht ist es Ihnen auch schon wie mir aufgefallen, daß die Kirche in ihrer Liturgie unbequeme Texte – wenn man einmal so sagen darf – nicht vermeidet, Texte, die schwer zu erklären sind und deren Bedeutung für uns heute nicht schon auf den ersten Blick erkennbar ist. So etwas scheint mir auch bei dieser Perikope (Evangelium des 1. Adventssonntags, Lesejahr C) gegeben zu sein.

Der Text läßt schon auf den ersten Blick drei Teile erkennen: Die Vorzeichen des Endes; das Kommen des Menschensohnes, das von hoffendem Mut erwartet wird; die Mahnung zur Nüchternheit in den Sorgen des Alltags.

Wenn Advent auf deutsch eigentlich Zukunft heißt, wenn die innere Bereitung, die die Adventszeit fordert, in einem Blick auf den Anfang des Kommens Gottes in unsere Welt (gewöhnlich erstes Kommen des fleischgewordenen Wortes Gottes in unsere Welt genannt) *und* in dem Blick auf die Endgültigkeit dieses selben Kommens (gewöhnlich die zweite Ankunft des

Menschensohnes genannt) bestehen sollte, dann kann dieser Evangelientext mit seinen drei Teilen gewiß den Gegenstand einer Adventsmeditation bilden.

I.

1. Jesus spricht in den ersten zwei Versen des Textes von den Vorzeichen des Endes der Welt und ihrer Geschichte. Er spricht in Worten, die uns beim ersten Hören unverständlich sind. Nicht daß man heute ein Weltende nicht denken könnte. Ein solches Ende der menschlichen Geschichte als ganzer ist vielmehr heute sogar aus einer fernen Utopie eine rational denkbare Möglichkeit geworden. Aber auch so bleibt die Frage, was ein solches utopisches oder rational als denkmöglich begriffenes Weltende mit uns selber hier und jetzt und mit unserer religiösen Existenz zu tun habe.

Und wir können uns nur schwer vorstellen, daß dieses Ende der Menschheit gerade dadurch geschieht, daß die Sonne sich verfinstert, der Mond seinen Schein nicht mehr gibt, die Sterne vom Himmel fallen und die Himmelskräfte erschüttert werden, wie es in der Parallelstelle zu

14

unserem Text bei Mk 13, 25 heißt. Oder jeden-
falls müßten wir solche Aussagen einer kosmi-
schen Katastrophe als Einleitung des Endes der
Menschheitsgeschichte doch sehr übersetzen
und interpretieren, um mit diesen Aussagen zu-
rechtzukommen. Wie also werden wir mit diesen beiden ersten Versen des Textes fertig (oder
sie mit uns, was das gleiche bedeutet)?

Zunächst einmal muß gesehen werden, daß
Jesus nicht ein Reporter ist, der vom künftigen,
gewissermaßen miterlebten Weltende herkäme
und dieses Ende in seiner eigenen Erscheinung,
die Jesu menschlichem Bewußtsein auch entzo-
gen ist, schildern würde. Jesus blickt nicht von
dieser Zukunft zu uns zurück, sondern blickt mit
uns auf diese unberechenbare Zukunft voraus.
In der letzten Tiefe seiner Existenz vor Gott weiß
er um das Ende von allem und nimmt diese zum
Ende laufende Wirklichkeit der Welt und der
Geschichte an. Dieses innerste Wissen von der
Vergänglichkeit von allem objektiviert sich dann
in den Bildern, die Jesus in seiner Zeit, in seiner
Vorstellungswelt zu Gebote standen.

Was Jesus sagen will, ist also die Tendenz zum
Ende, die aller menschlichen und irdischen

Wirklichkeit innerlich ist, als eine religiös absolut bedeutsame Verfaßtheit aller Wirklichkeit,
die der Mensch des Glaubens annimmt, um
gottgemäß zu existieren. Weil Jesus von der innersten Erfahrung der Endlichkeit und Todge-
weihtheit seiner eigenen menschlichen Existenz
als einer ihm von Gott zugesagten her auf das
Ende der Welt hinblickt (nicht von diesem her!),
darum sieht er seinen eigenen Tod, den Untergang der religiösen und politischen Gesellschaft,
der er angehört. Er sieht das Ende der Welt in
einer und derselben Blicklinie, ohne darum wissen zu wollen, durch welche Zeitintervalle diese
Ereignisse untereinander getrennt sind. Und
darum spricht er auch aus einer innersten Erfahrung dieser Endlichkeit, die auch unsere ist,
wenn wir sie nicht verdrängen, sondern anzunehmen gewillt sind.

Was er von den äußeren Ereignissen, die zum
Weltende führen, sagt, ruft bei uns jene konkreten inneren und äußeren Lebenserfahrungen der
Enttäuschungen, der Krankheit, des Schmerzes,
des Alterns, der Mißerfolge, des Todes an, Erfahrungen, die wir haben und verdrängen, Erfahrungen, die ja auch immer Inneres und Äuße-

16

res enthalten, die die eigenen und die der Welt in einem sind.

Advent feiern wir, wenn wir diese Boten des Endes in unserem Leben sehen und annehmen. Realistisch und in einer letzten, alles überwindenden, in sich und nicht von außen beglaubigten Hoffnung, daß eben das radikale Ende die selige Vollendung sein wird. Boten dieses Endes begegnen dem Christen überall in seinem Leben, und für ihn ist in seinem Tod dieses Ende da, das die Vollendung ist.

2. Dieses Ende, das je eigene und das der Welt, ist nach dem zweiten Teil unseres Textes (V. 27 und 28) identisch mit dem Kommen des Menschensohnes. Wir setzen hier voraus, daß Jesus sich mit diesem Menschensohn identifiziert, daß das Kommen in einer Wolke nach einem Bild bei Daniel 7, 13 ein bildlicher Ausdruck für die Hoheit ist, die dem Menschensohn von Gott her zukommt. Was im Text gesagt wird, bekennen wir, wenn wir im Apostolischen Glaubensbekenntnis beten: Von dort wird er kommen, zu richten die Lebenden und die Toten. Wir haben nun natürlich keinen Grund, uns dieses Kommen des Herrn als einen lokalen und

von uns optisch erfaßbaren Vorgang zu denken. Man muß sich so etwas nur einmal genauer auszudenken versuchen, um die Unmöglichkeit einer solchen Vorstellung zu begreifen.

Der Prozeß, der durch Gottes Gnade die Welt und ihre Geschichte auf ihre Vollendung hintreibt und in Christi Tod und Auferstehung in eine Phase siegreicher Unumkehrbarkeit getreten ist, heißt – wenn dieser Prozeß an seinem Ende, der Vollendung angelangt ist – das Kommen Christi, weil dann alle bei ihm angekommen sein werden. Wenn uns also im Angerufensein durch unsere christliche Hoffnung geboten wird, auf das Kommen Christi zu warten, dann bedeutet dies, daß wir uns glaubend, hoffend und liebend hineinstellen in jenen Prozeß, der die Welt durch die Teilnahme an Jesu Tod und Auferstehung hindurch auf die ewige Vollendung der Welt und der Geschichte in Gott hintreibt. Dann bedeutet dies, daß wir in der Freiheit eines Christenmenschen von allen Mächten und Gewalten unseres Daseins keinem Ding und Geschehen in unserem Leben das letzte Wort zuerkennen, sondern dieses letzte Wort der Vergebung, der Gnade, der Freiheit und Erfüllung von

dem erwarten, den wir Gott nennen und der es
uns in Jesus, seinem Tod und seinem Leben
schon zugesagt hat. Es bedeutet ferner, daß er
dieses letzte Wort, das er letztlich selbst ist, uns
zusagen wird, wenn im Tod und im Ende alle
unsere eigenen Antworten sich in eine einzige,
von uns nicht mehr beantwortbare Frage verwandeln. Wenn dieses Wort Gottes fällt und das
vollendende Ende bewirkt, dann ist auch der
Menschensohn gekommen, weil dieses Wort
Gottes in ihm definitiv und siegreich zu ergehen
begonnen hat.

3. Wir müßten uns nun noch dem dritten Abschnitt unseres Textes zuwenden. Weil aber die
Thematik dieses Abschnittes neu und ausdrücklich im Schrifttext der dritten Meditation aufge-
nommen wird, können wir dort darauf näher
eingehen.

II.

Blicken wir auf die Adventszeit im ganzen. Ein solcher Blick kann uns nochmals das eigentliche Verständnis dessen nahebringen, was uns der hier ausgewählte Schrifttext sagen will. In dieser winterlichen Zeit, in der wir Christen Advent feiern, wird die Welt stiller. Alles um uns her wird farblos und blaß. Es fröstelt uns. Man ist wenig aufgelegt zu buntem Treiben und lautem Lärm. Es ist, wie wenn die Welt kleinlaut geworden wäre und den Mut verloren hätte, sich selbst zu behaupten und stolz auf ihre Macht und ihr Leben zu sein. In dieser Zeit zeigt die Zeit der Welt ihre Armut, sie enttäuscht uns: sie kann nicht bewahren und verliert ständig in die Vergangenheit, was sie aus der Zukunft in ihre eigene Gegenwart hineinzugewinnen scheint.

Da ist es an der Zeit, die Melancholie der Zeit zu überwinden, sich selber leise und treu zu sagen, was der Glaube uns sagt. Da ist eine Zeit, das Wort des Glaubens gläubig zu sprechen: Ich glaube an die Ewigkeit Gottes, die in unsere Zeit, in meine Zeit hineingekommen ist. Unter dem ermüdenden Auf und Ab der Zeit wächst schon heimlich das Leben, das keinen Tod mehr kennt. Es ist schon da, es ist schon in mir, eben dadurch, daß ich glaube. Wie wenig muß ich tun, damit das Rad von Geburt und Tod in der wahren Wirklichkeit stille steht! Nur glauben muß ich an den Advent Gottes in unsere Zeit hinein, glauben gerade, *indem* ich die Zeit, ihr bitteres und hartes Nehmen, das sterben läßt, geduldig erleide und doch nicht meine, diese Zeit hätte das letzte Wort, das ein Nein wäre.

Gott hat schon begonnen, seinen Advent in der Welt und in mir zu feiern. Leise und sanft, so leise, daß man es überhören kann, hat er die Welt und ihre Zeit schon an sein Herz genommen, ja sein eigenes unbegreifliches Leben eingesenkt in diese Zeit. Den Sieg über die Angst vor der zerrinnenden Zeit nennen wir die Gnade des Glaubens, der bekennt, daß Gott diese sterbende Zeit geschaffen hat, um sie in seine eigene Ewigkeit hinein zu erlösen. Ein Jetzt der Ewigkeit ist in uns, das kein Nicht mehr hinter sich und vor sich hat, das schon begonnen hat, unsere irdischen Augenblicke in sich hinein zu versammeln.

Kein heller Jubel ist in diesem Advent, der ein Leben lang dauert, unserem armen Herzen abverlangt. Kein heller Jubel, weil wir noch zu sehr den harten Druck der Fesseln der Zeit spüren. Aber in uns soll die demütig nüchterne Freude des glaubenden Harrens leben, das nicht meint, das greifbar Gegenwärtige sei alles. Nur die demütige Freude, wie sie der Gefangene hat, wenn er noch im Gefängnis sitzt und eben aufstehen will, weil doch schon das Schloß von der Türe seines Verlieses abgerissen und die Freiheit schon garantiert ist. Ist diese Freude, die adventliche Freude, so schwer?

II

Vorläufer

LUKAS 3, 1–6

1 Es war im fünfzehnten Jahr der Regierung des Kaisers Tiberius; Pontius Pilatus war Statthalter von Judäa, Herodes Tetrarch von Galiläa, sein Bruder Philippus Tetrarch von Ituräa und Trachonitis und Lysanias Tetrarch von Abilene; 2 Hohepriester waren Hannas und Kajafas. Da erging der Ruf Gottes an Johannes, des Zacharias Sohn, der in der Wüste lebte. 3 Und er zog in die Gegend am Jordan und verkündete dort überall: Laßt euch taufen! Bekehrt euch, damit eure Sünden vergeben werden. 4 So erfüllte sich, was im Buch der Reden des Propheten Jesaja geschrieben steht: Eine Stimme ruft in der Wüste: Bereitet dem Herrn den Weg! Macht ihm die Straßen eben! 5 Jede Schlucht soll aufgefüllt und jeder Berg und Hügel abgetragen werden. Was krumm ist, soll gerade, was rauh ist, soll ein ebener Weg werden! 6 Und alle Welt wird das Heil Gottes schauen.

Mit diesem Text beginnt Lukas im 3. Kapitel seines Evangeliums die Darstellung der öffentlichen Wirksamkeit Jesu, nachdem er in den beiden ersten Kapiteln die Kindheitsgeschichte Jesu erzählt hatte. Weil Lukas mit diesem dritten Kapitel gewissermaßen noch einmal neu beginnt, da er jetzt die Ereignisse schildert, von denen aus auch Jesu Kindheit, wie Lukas sie erzählt, für uns erst bedeutsam und glaubwürdig wird, hebt dieser zweite Anfang des Evangeliums feierlich mit einer Zeitangabe an, die uns in das Jahr 28/29 unserer Zeitrechnung verweist, in die Regierungszeit des Kaisers Tiberius, des Stiefsohns des Augustus, in dessen Regierungszeit Jesus geboren wurde. Dieser feierliche Anfang mit einer Angabe einer ganz bestimmten Zeit und politischen Situation entspricht auch den besonderen theologischen Absichten und Auffassungen des Lukas, den man den Theologen der neutestamentlichen Heils- und Offenbarungsgeschichte, den Theologen *der* Zeit der Kirche nennen könnte, die sich für ihn mit einem eigenen Sinn und Gewicht zwischen die Jesusgeschichte und das Ende der Zeiten schiebt.

Bevor wir uns dem zweiten Teil dieser Schriftstelle, dem Bericht über das Auftreten Johannes' des Täufers zuwenden, muß ich eine kleine Vorbemerkung machen. Es sei mir hier gestattet, den Text in einer vielleicht etwas altmodischen, darum aber nicht in allen Fällen sinnlosen Betrachtungsweise zu behandeln.

Der Text spricht von Johannes dem Täufer als dem „Vorläufer" Jesu und dessen Sendung, wie wir zu sagen pflegen. Natürlich ist diese Vorläuferschaft des Täufers im Bezug auf Jesus und dessen Sendung ganz eigentümlicher Art und kommt selbstverständlich genauso in unserem eigenen Leben nicht vor. Wenn wir dennoch in unserem eigenen Leben eine Art Vorläuferschaft als sehr wesentliche Eigentümlichkeit zu entdecken versuchen, dann sind wir uns der Problematik einer solchen „Anwendung", eines solchen Vergleiches durchaus bewußt, halten ihn aber doch darum berechtigt, weil uns für unsere Lebenslast Kraft und Zuversicht gegeben wird, wenn wir entdecken, daß, was uns vorgegeben und auferlegt wird, in der Geschichte des Heils sich ebenso, wenn auch in besonderer Eigenart, begab.

Wir wenden uns zunächst also dem Bericht über Johannes den Täufer in dieser Perikope zu. Dabei soll uns aber hier nicht eigentlich der Inhalt der Botschaft des Täufers beschäftigen, noch der Umstand, daß auf ihn und seine Tätigkeit das Wort angewendet wird, das bei Jesaja 40, 3–5 steht. Uns soll vielmehr hier nur die schlichte Tatsache beschäftigen, daß bei Lukas, wie bei den anderen drei Evangelisten, die Täuferfigur an den Anfang des Evangeliums von Jesus gestellt wird, daß er also von vornherein als Vorläufer Jesu gesehen wird. Das ist nicht so selbstverständlich, wie uns dies scheinen mag.

Noch ungefähr 25 Jahre nach dem Tod des Täufers finden sich nach dem Zeugnis der Apostelgeschichte (19, 1–7; vgl. 18, 25) in Ephesus, also weit von Palästina entfernt, Johannesjünger, die von Jesus und seiner Kirche nichts wissen. Gegen sie richtet sich wohl auch die Polemik des ersten Kapitels bei Johannes (1, 6–8. 15.29–34). Es kann darum nicht so gewesen sein, daß der Täufer von vornherein und nur *als* Vorläufer des Messias aufgetreten ist, den der Täufer von vornherein bestimmt und eindeutig mit Jesus identifiziert hätte. Nach dem Bericht

des Evangeliums (Mt 11,2–6; Lk 7,18–23) hat
der Täufer auch am Ende seiner Laufbahn im
Gefängnis noch keine völlige Klarheit über die
Messianität Jesu, so daß wir wohl berechtigt
sind, die Deutlichkeit und Eindeutigkeit, mit der
die Evangelien die Beziehung zwischen Täufer
und Jesus darstellen und den Täufer sich ganz
eindeutig und ausdrücklich Jesus unterstellen
lassen, teilweise als Wirkung einer theologischen
Reflexion der ersten Christen zu werten.
Von ihrem Glaubensverständnis über Jesus
mußten diese ersten Christen mit dem Schock
fertig werden, daß Jesus sich wie ein Sünder von
Johannes hatte taufen lassen, und sie konnten
darum eine Reflexion über das Verhältnis zwischen dem Täufer und Jesus gar nicht so umge-
hen, wie sie es bei anderen religiösen Bewegun-
gen und Richtungen jener Zeit taten, die von den
Evangelien mehr oder weniger gleichgültig
übergangen werden. Von daher, meine ich,
müsse man die Eigenart der Vorläuferschaft des
Täufers sehen.

Johannes ist wirklich Vorläufer. Er geht voraus, ohne das genau und sicher zu kennen, dem
er dient. Seine Aufgabe und seine Bedeutung

nehmen in dem Maße ab, in dem das Kommende aufgeht, dem er in der Unsicherheit eines Überganges zu dienen versucht. Er selber darf nicht mehr eingehen in die Erfahrung des in Jesus gegenwärtig gewordenen Heiles, dem er sehnsüchtig ausschauend vorangeht. Was er erwartet, überholt ihn, ohne daß er von diesem Überholenden schon hier eingeholt würde und schauen dürfte, wonach er ausgeschaut hatte.

Seine Botschaft vom Kommen Gottes als Gericht wird überholt von Jesu Botschaft vom Kommen Gottes als befreiender Vergebung. Er ist der Vorläufer. Das und sonst nichts, weil er dieses war und nicht mehr sein wollte, weil er abzunehmen bereit war, damit der Kommende wachsen konnte, weil er sich mit der Aufgabe seiner Gegenwart beschied, darum und gerade so gehört er in die Geschichte Jesu, des endgültigen Heiles hinein und ist er gesegnet mit der Fülle der Zukunft, die er in seiner Gegenwart nur von ferne sehnsüchtig grüßen konnte.

Sind wir nicht alle Vorläufer? Mühsam pilgern wir die Straßen unseres Lebens. Immer liegt uns etwas voraus, das wir noch nicht eingeholt haben; immer wird das Eingeholte zum Befehl, es hinter uns zu lassen und weiterzugehen. Immer wieder wird aus dem Ende ein Anfang; nirgends ist eine bleibende Stätte. Jede Antwort verwandelt sich in eine neue Frage; jedes erreichte Glück in neue Sehnsucht; jeder Sieg ist nur der Anfang der Niederlage.

Sind wir nicht Vorläufer? Die Eltern die der Kinder; die Alten die der kommenden Jungen. Der Wissenschaftler von heute der Vorläufer des Wissenschaftlers von morgen. Der Politiker von heute der Vorläufer des Politikers, der ihn morgen ablösen und verdrängen wird?

Wie wechseln so rasch die Ziele, die Parolen, die Selbstverständlichkeiten der Lebensentwürfe, der Politik, der Wissenschaften, der Kunst! Marschiert nicht jeder in seine Gegenwart hinein mit dem Gefühl, es komme nun wirklich das Eigentliche und ewig Gültige, um dann nur zu schnell zu merken, daß sich seine Gegenwart in Vergangenheit verwandelt, daß er altmodisch und überholt ist, daß er nicht mehr versteht und nicht mehr verstanden wird?

Schicken wir nicht auch immer wieder aus dem Kerker unserer Zwänge und Enttäuschungen Boten nach überall hin, die das wirklich selig Endgültige finden sollen, obwohl wir nicht recht wissen, wohin wir diese Boten unserer ungestillten Sehnsucht senden sollen?

Ist der Tod, der uns alles nimmt, nicht das einzige, das wir bei unserem Lauf sicher einholen werden? Suchen wir nicht in einer seltsamen Zwiespältigkeit sowohl den fliehenden Augenblick festzuhalten als auch den nächsten Augenblick rascher herbeizuzerren, als er selber eigentlich kommen will? Sind wir, die noch auf allen Straßen des Menschseins immer die auf Vorläufiges Vorläufer sind, nicht immer in Versuchung, uns, unsere Lebensentwürfe, unsere Programme zu dem zu überhöhen, was endgültig kommen und bleiben wird? Haben wir nicht sogar den Eindruck, daß ein Stück jener Dummheit, in der ein Mensch alles und alle anderen als vorläufig und sich selbst als endgültig versteht und nicht für eine unberechenbare Zukunft bloßer Vorläufer sein will, für den Lauf der Welt beinahe unerläßlich ist?

Wir sind immer und überall nur Vorläufer; und das Ziel dieses Laufes scheint ewig fernzubleiben, außerhalb unserer Macht zu stehen und

immer wieder in neue Fernen zurückzuweichen,
wenn wir ihm nahegekommen zu sein meinen.

Bei dieser Verfaßtheit unserer Existenz ist die
adventliche Haltung geboten, die uns der Täufer
als Vorläufer Jesu vorlebte: die willige Annahme
der scheinbar alltäglich kleinen Aufgabe, die die
eigene Stunde verlangt; der sich selbst ver-
schweigende Mut zum Eigenen, auch wenn wir
das Größere sehen, das uns versagt bleibt; die
neidlose Bereitschaft, das Herrlichere bei den
anderen anzuerkennen, auch wenn es seinen
Glanz nicht auf einem selbst ruhen läßt; die
Hoffnung, daß das Unsägliche zu uns auch in
die Engen und Kerker kommt, aus denen wir
selbst nicht mehr auszubrechen vermögen; die
Zuversicht, daß alle Endlichkeiten, selbst der
Tod, inwendig noch vom unendlichen Gott der
Liebe und des Lichtes erfüllt sein können, wenn
sie nur hoffend angenommen werden, daß nur
der Loslassende ergreift und jeder Untergang der
Aufgang des Lebens sein kann; die aus allen
Gräbern der Enttäuschungen immer wieder auf-
steigende Gewißheit, daß auch das Rufen in der
Wüste von einem gehört wird und alles Säen un-
ter Tränen eine Ernte der Freude erbringt, auch

33

wenn sie nur in die Scheuern des ewigen Lebens
eingefahren wird; die Willigkeit zu weiterer
Reise aufzubrechen, wo man gehofft hatte,
schon endgültig daheim angekommen zu sein.

Adventliche Reise ist, wenn wir laufen und
uns beim Lauf das entgegenkommen lassen, was
wir selbst durch den Lauf nicht einholen würden, Gott, der uns insgeheim laufen ließ, wo wir
meinten, nach unseren eigenen Zielen zu laufen,
und uns sich selbst gibt, wo das Greifbare und
Ergriffene uns entwunden wird, weil wir selbst
Vorläufer sind und alles Ergriffene vorläufig
bleibt. Wer arglos nimmt *und* arglos läßt, so wie
es je die Stunde gebietet, der ist im Advent, dem
wird in Wahrheit nichts genommen, weil alles,
das er hinter sich lassen muß, nur das Zeichen
dafür ist, daß er weiterzieht, bis er wirklich an-
kommt im ewigen Licht und in dem ewigen Leben.

Das Leben ist ein einziger Advent. Ob wir das
Leben als solchen Advent anzunehmen und zu
feiern gewillt sind, das ist die Frage.

III

Was sollen wir tun?

LUKAS 3, 10–18

10 Als Johannes (der Täufer) am Jordan pre-
digte, fragten ihn die Leute: Was sollen wir also
tun? 11 Er antwortete ihnen: Wer zwei Gewän-
der hat, der gebe eins davon dem, der keins hat,
und wer zu essen hat, der mache es ebenso. 12 Es
kamen auch Zöllner zu ihm, um sich taufen zu
lassen, und fragten: Meister, was sollen wir tun?
13 Er sagte zu ihnen: Fordert nicht mehr, als
euch erlaubt ist. 14 Auch Soldaten fragten ihn:
Was sollen denn wir tun? Und er sagte zu ihnen:
Mißhandelt niemand, erpreßt niemand, begnügt
euch mit eurem Sold! 15 Das Volk war voll Erwartung, und alle überlegten sich im stillen, ob
Johannes nicht vielleicht selbst der Messias sei.
16 Doch Johannes gab ihnen allen zur Antwort:
Ich taufe euch mit Wasser. Es kommt aber einer,
der stärker ist als ich, und ich bin nicht wert,
ihm die Schuhriemen zu lösen. Er wird euch mit
heiligem Geist und mit Feuer taufen. 17 Er hält
schon die Schaufel in der Hand, um seine Tenne

zu säubern und den Weizen in seine Scheune zu
sammeln. Die Spreu aber wird er in nie erlö-
schendem Feuer verbrennen. 18 Mit solchen
und vielen anderen Worten ermahnte er das
Volk in seiner Predigt.

Diese Perikope schließt sich unter Auslassung
von drei Versen, in denen ein Stück der Ge-
richtsdrohung des Täufers berichtet wird, an
den Schrifttext der vorausgehenden Meditation
an. Wieder ist vom Vorläufer Jesu, dem Täufer
Johannes, erzählt, und zwar vom Inhalt seiner
Bußpredigt.

Dieser Text gliedert sich in zwei Teile. Im
ersten Teil gibt der Täufer die Antwort auf die
Frage seiner Zuhörer, welche Konsequenzen
für ihre Lebensführung nun eigentlich der zen-
trale Inhalt der Bußpredigt des Täufers, die
Ankündigung des nahen Gerichtes und die Auf-
forderung einer radikalen Umkehr habe. Im
zweiten Teil lehnt der Täufer den Anspruch ab,
selbst der Messias zu sein, von sich aus den
Geist des andrängenden Gottesreiches ver-
mitteln zu können. Wir wenden uns vor allem
dem ersten Teil des Textes zu.

Dieser erste Abschnitt klingt zwar sehr harmlos und selbstverständlich. Man ist versucht, über diese moralischen Ermahnungen als Selbstverständlichkeiten, ja fast Banalitäten hinwegzulesen. Hört man aber genauer hin, so wird der Text geradezu aufregend.

Warum dies? Der Täufer soll jener sein, der bei Jesaja vorherverkündet ist als Rufer in der Wüste, als Künder eines kommenden Heils Gottes, als Prophet eines letzten, bald hereinbrechenden Strafgerichtes Gottes, einer letzten Möglichkeit, jetzt noch radikal umzukehren, der Unmöglichkeit, vor Gott durch irgend etwas anderes als durch diese radikale Umkehr zu bestehen, die das ganze bisherige Leben vom Grund her verwandelt. Und nun fragen ihn, diesen Prediger eines radikalen religiösen Umbruchs und Neubeginns, die Leute, was sie denn nun eigentlich konkret tun sollen, wenn sie dieser radikalen Botschaft gehorsam sein wollen. Und wie lautet die Antwort? Scheinbar lauter moralische Banalitäten, die man auch sonst schon so weiß und die doch nicht eingeleitet werden müßten durch eine apokalyptische Drohrede, um begreiflich zu sein: Die Steuereinnehmer sollen keine unge-

bührlichen und ungerechten Steueransätze fest-
legen, die Soldaten sollen anständige und ehren-
hafte Leute sein, die ihre Umgebung nicht
drangsalieren, und mit ihrem schäbigen Sold zu-
frieden sein. Nicht einmal die Berufe der im
Dienst der Besatzungsmacht stehenden Steuereinnehmer und Soldaten, Berufe, die dem From-
men von damals schon in sich selbst höchst
problematisch, ja verwerflich waren, werden in
Frage gestellt.

Und wenn darüber hinaus gesagt wird, man
solle Kleidung und Essen, so man davon genug
hat, mit dem armen Nachbarn teilen, dann wird
der Bereich scheinbarer Selbstverständlichkeiten
einer humanen Alltagsmoral auch nicht über-
schritten. Und wenn wir selbst in diesem Stile
solche guten Ratschläge für andere Berufe und
Lebenssituationen im selben Stil noch weiter
spinnen würden, kämen wir aus dem Kontrast
nicht heraus, der mindestens auf den ersten Blick
zwischen einer radikalen Umkehrforderung
einerseits und den alltäglichen Maximen ande-
rerseits besteht, die diese Zuhörer des Täufers
wohl auch vor seiner Predigt schon schlecht und
recht respektieren und danach bei allem

guten Willen wohl auch nicht viel besser er-
füllten.

Wie werden wir mit diesem Kontrast fertig?
Das ist eine Frage, auf die uns dieses Evangelium
unmittelbar und ausdrücklich keine Antwort
gibt außer eben der, daß diese kontrastierenden
Dinge eben doch zusammenpassen müssen. Aber
wie, darüber müssen wir selber nachdenken.

Wir haben doch sicher alle schon die Erfahrung gemacht, daß auch die scheinbar banale
Alltagsmoral mit ihren Forderungen gar nicht so
leicht ist, vorausgesetzt nur, daß man nicht der
verlogenen Haltung verfällt, nur das als seine
moralischen Prinzipien gelten zu lassen, was einem sowieso paßt und leicht fällt. Der Alltag
schon fordert dem Menschen, so wie er ist, der
Mensch und der Alltag, viel ab. In seiner grauen
Alltäglichkeit durchzuhalten kann oft schwerer
sein als eine einmalige Tat, deren Heroismus sich
selber zu genießen in Gefahr ist.

Wenn wir nicht übersehen, daß das Leben in
seiner religiösen und sittlichen Würde nicht einfach die bloße Summe der Bedeutsamkeit der
einzelnen Augenblicke des Lebens ist, sondern
ein Ganzes bildet, das seine eigene Eigenart als

41

dieses Ganze hat, auch wenn es sich durch die Summe der Einzeltaten hindurch vollzieht, dann ist ein Leben der Pflichterfüllung des Alltags, des immer wieder erneuten Willens, anderen gerecht zu werden und gut zu sein, ein Leben, in dem der Mensch sich nicht wegen der Unbedeutendheit seiner Tage in müde Resignation versinken läßt, ein Leben sogar der guten Laune, die eine Tugend und Gabe Gottes ist usw., schon so ein Leben, das doch nicht mehr so eindeutig kontrastiert mit der radikalen Umkehrforderung des Täufers. Ein solches Leben scheinbar alltäglich moralischer Durchschnittlichkeit setzt diese Umkehr nur nicht an einem bestimmten Zeitmoment, sondern als ein geheimnisvolles Prinzip, das unauffällig die scheinbare Alltäglichkeit des Lebens durchwaltet.

Aber das ist noch nicht alles und nicht einmal das Entscheidende für die Frage, wie wir mit dem genannten Kontrast fertig werden können. Insgeheim und vielleicht unauffällig steckt mindestens da und dort in solchen Übungen normaler, selbstverständlicher und in sich verständlicher, ja uns selbst nützlicher Pflichterfüllung des Alltags noch etwas ganz anderes.

Das Leben manövriert uns immer wieder einmal mitten im Alltag in Situationen hinein, in denen das scheinbar Selbstverständliche, sich selbst Legitimierende und Belohnende der Alltagspflichten verschwindet oder absurd wird. Die Moral des Alltags lohnt sich plötzlich nicht mehr. Ihr banaler Sinn verschwindet oder muß sich in etwas ganz anderes verwandeln. Das sinnvoll Nützliche stirbt oder verwandelt sich in das Heilige. Die Pflicht bleibt unbelohnt, ja ihre Erfüllung scheint bestraft zu werden. Der Anständige ist nicht mehr der geachtete Ehrenmann, sondern der Dumme, der sich nicht durchzusetzen weiß. Selbstlosigkeit wird schamlos ausgenützt; Ehrlichkeit wird nicht honoriert, sondern zur Waffe gegen den Ehrlichen selbst.

In tausend Weisen kann die normale Alltagsmoral, und zwar inmitten ihrer Selbstverständlichkeiten und ganz außerhalb besonderer heroischer Situationen, zu einer geheimnisvoll schrecklichen Sache werden: Sie lohnt sich nicht, sie belohnt sich nicht mehr selber, weil sie ihren greifbaren, den Täter selber belohnenden Ertrag nicht mehr erbringt. Sie wird aus der Vernünftigkeit eines sehr ehrenwerten Egoismus, den man auch kollektiv betreiben kann, etwas ganz anderes, oder sie wird als unrentabel aufgegeben, weil sie sich und uns nicht mehr lohnt.

Aber was wird denn diese Alltagstugend, mitten im Alltag bleibend, wenn sie sich nicht mehr lohnt, auch nicht in einer sublimen Weise, und sich dennoch nicht, als sinnlos geworden, aufgibt? Sie wird ein Kommen vor dem Gott des Heiles und der Freiheit. Wenn wir diesen Satz sagen, dann darf bei dem Wort „Gott" nicht irgend etwas gedacht werden, was wir sonst mit diesem Wort verbinden, sondern, was mit Gott gemeint ist, wird gerade in dieser stillen, aber ungeheuerlichen und mitten in der Erfüllung der Alltagsmoral sich ereignenden Metamorphose dieser alltäglichen Pflichterfüllung erfahren.

Gott ist der, dem man, wenn vielleicht auch namenlos und unauffällig, begegnet, wenn man losläßt; wenn man wagt, der Dumme zu sein, wenn man auch dort aus Machtkonflikten austritt, wo man die Chance hätte zu siegen; wo man liebt, ohne schon zuvor die Gewißheit zu haben, wieder geliebt zu werden; wo man seiner Überzeugung treu bleibt, obwohl sie einem nur

44

Nachteil einbringt und man diesen Nachteil nicht bloß als die Episode eines Kampfes wertet, in dem man schließlich doch Sieger bleibt; wo man – in einem Wort gesagt – seinem Gewissen treu bleibt und dessen Spruch nicht mehr verwechselt mit der Ansage jener greifbaren Nützlichkeit und Sinnhaftigkeit, die zunächst, und zwar mit Recht, der Alltagsmoral auch innewohnt.

Wo solcher die Alltagsmoral hinter ihrer bleibenden Fassade verwandelnder Spruch des Gewissens ergeht, da ist er das Kommen Gottes zum Gericht, wenn man sich diesem Spruch versagt (vielleicht sehr unauffällig für einen selbst), oder das Kommen Gottes als letzte Freiheit, die selig macht, wenn man diesem Anruf folgt. Solches kann, wie gesagt, sehr unauffällig und ohne Gepränge sich in der normalen Pflichterfüllung des Alltags ereignen. Man scheint sich auf den längst gebahnten Straßen normaler menschlicher Lebensführung von Vernunft und Anstand, von sich lohnender Rücksichtnahme auf andere usw. zu bewegen und hat sich plötzlich in die selige Wüste Gottes verirrt, kaum daß man es selber merkt.

45

Wenn man Alltagsmoral empfiehlt und die Empfehlung nicht dort stillschweigend zurücknimmt, wo sie sich nicht mehr lohnt, hat man eigentlich eine radikale Umkehr empfohlen, auch wenn sie sich gar nicht an einem deutlich fixierbaren Zeitpunkt des Lebens lokalisieren kann, hat man eigentlich die Gnade Gottes gepriesen, die jene Abgründe erfüllt, auf die die gebahnten Wege unseres nüchternen Alltags führen, bis wir in diese Abgründe uns furchtlos hineinfallen lassen.

Was sollen wir tun?, fragten die Leute etwas verschüchtert nach der unheimlichen Predigt des Täufers von Sünde und unausweichlichem Gericht, von Umkehr, die wirklich alles umkehrt. Er gibt Antwort, und plötzlich sind wir durch diese Antwort da, wo wir sowieso leben und uns in nüchterner Geduld plagen müssen. Aber seine Antwort besagt, daß wir gerade da das Kommen des Reiches Gottes erfahren können. Wenn wir nur wollen und uns dem geheimen Sinn und der innersten Kraft dieses Alltags hoffend überlassen.

IV

Gott ist mit uns

MATTHÄUS 1,18–24

*18 Mit der Geburt Christi war es so:
Maria, seine Mutter, war mit Josef verlobt.
Noch bevor sie in der Ehe zusammenlebten,
zeigte sich, daß sie schwanger war – und zwar
vom heiligen Geist. 19 Josef, ihr Mann, der gerecht war und sie nicht bloßstellen wollte, be-
schloß, sich in aller Stille von ihr zu trennen.
20 Während er noch darüber nachdachte, er-
schien ihm ein Engel des Herrn im Traum und
sagte: Josef, Sohn Davids, scheue dich nicht,
Maria als deine Frau zu dir zu nehmen; denn das
Kind, das sie erwartet, ist vom heiligen Geist.
21 Sie wird einen Sohn gebären; ihm sollst du
den Namen Jesus geben; denn er wird sein Volk
von seinen Sünden erlösen. 22 Dies alles ist geschehen, damit sich erfüllte, was der Herr durch
den Propheten gesagt hat: 23 Seht, die Jungfrau
wird schwanger werden und einen Sohn gebären, und man wird ihn Immanuel nennen, das*

heißt übersetzt: Gott ist mit uns. 24 Als Josef aufwachte, tat er, was der Engel des Herrn ihm befohlen hatte, und nahm seine Frau zu sich.

An sich wären viele Fragen an diesen Text zu stellen. Man könnte fragen, warum hier bei Matthäus im Unterschied zu Lukas Josef und nicht Maria derjenige ist, der von Gott her die Botschaft von der Geburt des Retters des Volkes Israel erhält. Man könnte fragen, aus welchen Motiven Josef eigentlich, was im Text nicht deutlich wird, seine Frau entlassen wollte. Man könnte die heute viel verhandelte Frage aufs neue stellen, wie es mit der hier erzählten Jungfrauengeburt geschichtlich bestellt sei und was sie glaubensmäßig bedeutet. Man könnte dem Sinn einer Namensgebung und der Bedeutung des Namens Jesu: „der Herr rettet" nachdenken. Man könnte fragen, was das in seinem Sinn viel umstrittene Zitat aus Jes 7, 14 in der ursprünglichen Absicht des Propheten sagen will. All diese und viele andere Fragen sollen in dieser kleinen Meditation unbedacht bleiben.

Aber unsere Aufmerksamkeit soll einzig dem Namen „Immanuel" gelten, der Aussage, daß

„Gott mit uns" ist durch diesen Jesus. Und dabei beschränken wir uns nochmals darauf, daß hier gesagt wird, Gott sei *mit uns,* ohne daß wir eigens bedenken wollen, warum dies gerade durch die Wirklichkeit, das Leben, den Tod und die Auferstehung dieses Jesus geschieht, obwohl dieser Aspekt natürlich für ein christliches Verständnis dieses „Gott mit uns" unbedingt wesentlich ist.

Bei dieser Meditation über dieses „Gott mit uns" denken wir vom Gesamtzeugnis des Neuen Testamentes und der christlichen Glaubenslehre her. Es wird somit nicht gefragt, was dieses Wort bei Jesaja und in seiner Übernahme durch Matthäus für sich allein herzugeben vermag. Wenn wir so auch die Grenzen einer streng exegetischen Meditation dieses Textes für sich allein überschreiten, so ist dies legitim und läßt vom Ganzen des christlichen Glaubens her erst die unsagbare Tiefe und Fülle der Wirklichkeit ahnen, auf die auch dieser Text für sich allein schon bescheiden hinweist.

Es gibt ein vorläufiges, vulgäres Verständnis eines „Gott mit uns", das darum nicht als oberflächlich oder gar falsch zu werten ist. Wenn wir sagen, der Mensch als Geschöpf habe es unweigerlich mit Gott zu tun, Gott sei Herr und Ziel, ohne ihn sei kein Sinn in unserem Leben, er sei unser Helfer und Retter, von dessen gnädiger Vorsehung wir abhängen, er vergebe uns barmherzig unsere Schuld, wir würden uns einmal vor seinem Gericht zu verantworten haben, er bereite denen, die an ihn glauben, auf ihn hoffen und ihn lieben, ein ewiges, seliges Leben, dann haben wir gewiß in vielfältiger und richtiger Weise dieses „Gott mit uns" ausgelegt. Gewiß wäre es schon wunderbare Gnade, wenn alle Menschen in ihrem Leben diese Auslegung des „Gott mit uns" realisieren würden. Dies zumal, weil all diese Auslegungen letztlich hoffend in Bewegung auf das tiefere Geheimnis dieses „Gott mit uns" ausgerichtet sind.

Aber mit diesen Auslegungen ist das radikale Verständnis des „Gott mit uns", wie es im Christentum gegeben ist, noch nicht erreicht. Wenn wir meinen würden, Gott sei uns nur durch seine Gaben endlicher Art nahe, dadurch daß er uns als Schöpfer in unsere eigene Wirklichkeit einsetzte und diese Wirklichkeit zu ihrer ihr immanenten Vollendung führte durch die Verge-

bung unserer Schuld und die Endgültigmachung
unserer eigenen ausgereiften Existenz; wenn wir
meinen würden, Gott selbst sei uns nur dadurch
nahe, daß alle diese kreatürlichen Wirklichkei-
ten von ihm herkommen und auf ihn hinweisen
und uns zu einem Bezug auf ihn in Erkenntnis
und dankbar anbetender Liebe veranlassen,
dann hätten wir die Radikalität des christlichen
Verständnisses des „Gott mit uns" verfehlt.

Gott selbst ist mit uns, er selbst durch sich
selbst und nicht bloß durch die Vermittlung
endlicher Gaben an ein endliches Geschöpf.
Schrift und Überlieferung bezeugen auf die viel-
fältigste Weise dieses letzte Geheimnis unseres
Daseins, daß Gott sich selbst in seiner eigenen
unendlichen und unbegreiflichen Wirklichkeit
in Gnade und ewigem Leben uns mitteilt. Er gibt
uns seinen eigenen Geist, der die Tiefen der
Gottheit erforscht, der Gottes eigenes inneres
Leben ist; Vater und Sohn kommen und nehmen
selbst so in uns Wohnung, daß wir mit Gott eins
sind, so wie der Sohn mit dem Vater von Ewigkeit her eins ist; wir sind der göttlichen Natur
teilhaftig; wir sind nicht mehr bloß Knechte,
sondern wahrhaft Gottes Kinder, aus Gott ge-

boren. Wir werden Gott einst nicht im Spiegel
und Gleichnis kreatürlicher Vermittlung, sondern unmittelbar von Angesicht zu Angesicht
schauen und lieben. Die klassische Theologie
spricht daher – damit der Radikalismus dieser
biblischen Lehre nicht nachträglich wieder ab-
geschwächt wird – von der ungeschaffenen
Gnade, davon, daß die unmittelbare Gottesschau nicht durch eine geschöpfliche Wirklichkeit vermittelt werde, aus der Gott erkannt
werden müßte, von der unmittelbaren Einwoh-
nung des dreifaltigen Gottes im Menschen, von
der Selbstmitteilung Gottes.

Das alles mag sich zunächst sehr abstrakt an-
hören. Aber es ist doch die letzte Wahrheit vom
Menschen, mögen wir sie in der Banalität unseres Alltags schon erreicht und realisiert haben
oder nicht. Weil wir die Endlichen sind, haben
wir, von uns allein her lebend, die fast unüber-
windliche Neigung, bloß endlich von uns und
sogar von unserer Vollendung zu denken, die
Neigung, in falscher Weise bescheiden zu sein
und uns auch dort und dann mit dem Überseh-
baren und Umgreifbaren zu bescheiden, wo die
absolute „Übertreibung" und Maßlosigkeit die

wahre Wahrheit wäre. Von uns her hätten wir
ja recht, bescheiden zu sein und uns mit einem
endlichen Glück zu begnügen. Jede Sünde in der
Welt bezeugt eigentlich – weil sie ein endliches
Gut absolut setzt – diese falsche Bescheidenheit,
die uns verboten ist. Verboten nicht durch ein
von außen kommendes Gesetz, das uns fremd
bleibt, sondern dadurch, daß Gott mit seiner
Maßlosigkeit in der Souveränität seiner Gna-
dentat schon sich selbst zum innersten Gesetz
unseres Wesens gemacht hat, bevor wir zu uns
selbst kommen und dann uns davor fürchten,
uns in die unbegreifliche Unendlichkeit fallen zu
lassen, die uns schon von unserer eigensten
Mitte her erfüllt, während wir uns in den endlichen Randbezirken unserer Existenz verschan-
zen und da glücklich zu werden versuchen. Der
Satz, Gott sei mit uns, sagt in seinem radikal
christlichen Verständnis, daß wir gar nicht
maßlos genug sein können in unserem von Gott
durch sich selbst gegebenen Durst nach Freiheit,
nach Glück, nach Nähe der Liebe, nach Erkenntnis, nach Friede und Endgültigkeit. Maßlosigkeit in unserem Leben, die Schuld bewirkt,
ist, tiefer gesehen, nur die Unbeherrschtheit, die

eine endliche Wirklichkeit als zum eigenen Glück absolut notwendig setzt, weil ein solcher Mensch nicht den glaubenden, hoffenden, liebenden Absprung in die Unbegreiflichkeit und Unverfügbarkeit seines wahren Glückes wagt, das in der Unumfaßbarkeit Gottes allein besteht.

Die abstrakte Deutung, die wir dem „Gott mit uns" unseres Textes gegeben haben, ist nicht so fern von uns, wie es zunächst klingen mag. Sie klingt uns fern, weil wir unserem eigenen „Überwesen", das Gott selbst ist, fern sind. Wo sich in uns der unendliche Anspruch der (schon innerlich begnadeten) Existenz anmeldet, der keine Bedingungen und Grenzen mehr annimmt, außer der, daß wir die anfangende und nicht schon immer vollendete Unendlichkeit sind, wo ein Wille zu bedingungsloser Liebe lebt, die sich auf den anderen einläßt, wie man sich eigentlich auf ihn nur mit der Gefahr tödlicher Selbstverneinung einlassen kann, wo im Absturz in die tödliche Finsternis des Todes immer noch gelassen geglaubt wird, daß solche Erfahrung endlich und die Hoffnung des ewigen Lichtes unendlich ist – in solchen und vielen anderen Grundereignissen der menschlichen Existenz wird der hoffende Glaube vollzogen, daß Gott selbst und nicht ein Endliches die Erfüllung des endlichen Menschen ist.

Dies sagt die Lehre von der „ungeschaffenen Gnade". Diese „ungeschaffene Gnade" ist zwar vermittelt durch Jesus Christus, doch ist sie in der ganzen Welt- und Menschheitsgeschichte als deren innerste Entelechie am Werk. Sie ist so die innerste Mitte der menschlichen Existenz.

Aber mit dieser Lehre von der „ungeschaffenen Gnade" ist nicht nur unsagbare Seligkeit als Zukunft des Menschen proklamiert. Es wird durch sie auch erst der letzte Ernst des christlichen Menschenverständnisses erreicht. Nicht nur ist dieser Gott, der so „Gott mit uns" ist, das unumfaßbare Geheimnis, das auch in der unmittelbaren Gottesschau radikal Geheimnis bleibt und darum vom menschlichen Erkennen nur dann ertragen werden kann, wenn diese Erkenntnis ihre eigene Erfüllung in der Liebe findet, die es allein fertigbringt, den geliebten Gott größer sein zu lassen als das eigene Herz (mit seinem Begehren nach „Aufklärung"). Nicht nur ist dieser „Gott mit uns" der Gott absoluter Freiheit, nicht mehr auflösbarer Entschlüsse und

Setzungen, die man nur aushalten und annehmen kann in der bedingungslosen Kapitulation
der Liebe, die diese göttliche Freiheit *als* solche
liebt. Diese unheimliche Nähe Gottes gibt vielmehr auch der christlichen „Moral" ihre letzte
Radikalität. Es kommen zwar in der Menschheitsgeschichte und im Leben des einzelnen tausend und abertausend Verkehrtheiten vor, die,
gemessen an den Wesensstrukturen des Menschen und seiner endlichen Welt, verkehrt sind
und darum und von daher unter einem objekti-
ven Nein der menschlichen Sittlichkeit stehen,
aber dennoch nicht wirklich dieses letzte beja-
hende Verhältnis zu diesem sich selber gebenden
und unheimlich nahen Gott aufheben. (Es gibt
viele „objektive Sünde", die keine „subjektive
Schuld" bedeutet und darum das Heil nicht auf-
hebt, formuliert die Schultheologie). Aber es
kann sich immer wieder ereignen, daß die Freiheit des Menschen am konkreten Material in-
nerweltlicher Sittlichkeit ihr Nein zu dem Gott
solcher absoluter Nähe realisiert, ohne noch
einmal eigens darauf thematisch zu reflektieren.
Und dann ist das gegeben, was in einem christlichen Sinn erst Sünde („schwere Sünde") ist.

Denn diese ist nicht nur ein Nein zu den objekti-
ven Strukturen des Menschen und der Welt und
so ein Nein zu den Geboten Gottes, der diese
Strukturen will (aber eben nur mit dem Willen,
der der Bedingtheit und Endlichkeit solcher
Strukturen entspricht), sondern ein Nein zu Gott
selbst in seiner absoluten Nähe zu uns, ein Nein
der Freiheit des Menschen, die sich dem radikal-
sten Abenteuer der Liebe Gottes und der eigenen
Liebe versagt.

Inmitten der nahen Unbegreiflichkeit Gottes
zu wohnen, von Gott selbst so geliebt zu werden,
daß die erste und letzte Gabe die Unendlichkeit
und Unbegreiflichkeit selber ist, das ist erschrek-
kend und selig zumal. Aber wir haben keine
Wahl. Gott ist mit uns.

Karl Rahner
Wagnis des Christen

Geistliche Texte

„Vielen Menschen ist Karl Rahner ein ‚geistlicher Vater‘
geworden, der ihnen das geheimnisvolle Nahekommen
Gottes im tiefsten Grunde ihres Lebens deuten und erkennen hilft und das Wesen von Gebet, von Glauben an
Gott und Jesus Christus von innen her zugänglich
macht, um dann zu zeigen, wie von da aus auch Wege zu
einem existentiellen Verstehen der Glaubenswahrheiten
sich öffnen.“

Klaus P. Fischer

Auf solche Wege existentiellen Glaubensverständnisses
führen auch die Beiträge dieses Buches. Es sind geistliche
Texte der Orientierung, die in der bedrängenden Situation
des Wandels und der Ungewißheit heute fundamentale
Fragen des Glaubensinhalts und des Glaubensvollzugs
beantworten; Texte, die verständlich machen, was das
Wagnis des Christseins heute als Aufgabe und zugleich
als Chance für den Menschen bedeutet.
Karl Rahners ständige Bereitschaft, sich als Christ und
Theologe dem Geist der Zeit zu stellen, hat den Ausschlag
für die außergewöhnliche Fruchtbarkeit seines Lebens-
werkes gegeben. Auch diese „geistlichen Texte“ sind von
dieser Haltung geprägt. Ein Buch der Ermutigung zu
einer zeitgemäßen christlichen Spiritualität.
192 Seiten, gebunden, ISBN 3-451-16895-2

Verlag Herder Freiburg · Basel · Wien

Marcel Légaut

Zwei Bände – ein Werk

„Légauts Erfahrungen sind mehr als ein aus Frankreich
importierter Bestseller. Seine Gedanken über die Zukunft
des Christentums erreichen eine Tiefe der Meditation,
wie man sie kaum mehr gewohnt ist…"

Bibel und Kirche

Meine Erfahrung mit dem Glauben

„Légaut will mit seinem Buch ‚Meine Erfahrung mit dem
Glauben' keine fachwissenschaftliche Abhandlung lie-
fern. Er verstand es, mit der Frage ‚Wer ist Jesus?' sein
langes Leben zu befragen und zu führen. So entstand ein
Werk, das, keiner modischen Strömung verpflichtet, von
einer seltenen Ursprünglichkeit erfüllt ist. Nicht umsonst
zählt es in Frankreich und Deutschland zu den theologischen Bestsellern." Am Tisch des Wortes
408 Seiten, kart. lam., ISBN 3-451-16494-9

Meine Erfahrung mit dem Menschen

Légauts neues Buch „Meine Erfahrung mit dem Menschen" ist Zeugnis eines geduldigen, intensiv reflektierten
Erfahrungsweges menschlicher Selbstfindung und Rei-
fung. Eine eindrucksvolle Meditation über unser Leben.
Ein Buch, das sich nicht nur an den Verstand des Lesers,
sondern auch an seine Erfahrung und Intuition wendet,
das ihn zu tieferen Erkenntnissen für seinen weiteren Weg
führt.
300 Seiten, kart. lam., ISBN 3-451-16771-9

Verlag Herder Freiburg · Basel · Wien